Vampirlady

*Ist es Tag, sie niemals lacht
sie erscheint erst in der Nacht.
Sie liebt es Leute zu erschrecken
doch um keinen falschen Eindruck zu erwecken
böse meint`s die kleine nie
denn sie ist ja eine Lady!*

Material: Serviette Vielseidig Verlag Nr. 17013
Spanschachtel Ø 20cm, Granitfarbe rot
Acrylfarbe schwarz & weiß, Modelliermasse soft/lufttrocknend
Schwarze Federn & Tüllband, Serviettenkleber

Grundieren Sie den Deckel der Spandose in der Mitte mit Weiß. Von außen her mit Schwarz und groben Pinselstrichen. Die Vampirlady aus der Serviette schneiden und die obere bedruckte Schicht abziehen.

Nach dem Trocknen der Farbe dünn mit Kleber vorstreichen. Serviettenschicht leicht andrücken und mit einem weichen Pinsel nochmals Kleber darüberstreichen.

Spandose ringsherum mit Granitfarbe bemalen.

Um den Deckel Federn kleben.

Einzelne Teile der Vampirlady können mit Modelliermasse hervorgehoben werden. Dazu die Masse mit einem Nudelholz ausrollen, ca.3mm dick. Teile aufkleben, und leicht antrocknen lassen. Mit einem Cutter oder einer Schere vorsichtig ausschneiden, die Ränder mit den Fingern leicht nachmodellieren. Nach dem völligen Durchtrocknen mit Heißkleber ankleben.

Für die Gläser Vampirlady ganz auf Modelliermasse kleben und ausschneiden. Mit Band und Federn verzieren.

Charmanter Blutsauger

*Habt Ihr gewusst, jetzt seid Ihr platt,
das Vampirlady noch nen' Bruder hat?
Er ist ein echter Gentleman,
so höflich, wie ich sonst keinen kenn.
er fragt zuerst, ist das nicht gut?
Bevor er trinkt von Deinem Blut!*

Material: Sperrholz 6mm, 75 x 50 cm
Transparentpapier, weicher Bleistift

Acrylfarbe: Weiß, Gelb, Bordeauxrot,
Hautfarbe hell & dunkel, Braun, Violett, Gold

Übertragen Sie diesen absolut hinreißenden Blutsauger vom Bogen auf das Transparentpapier. Dieses dann umdrehen und Linien mit einem weichen Bleistift von hinten nachfahren. Wieder wenden, aufs Holz legen und Linien mit einem alten Kuli durchdrücken. Vampir aussägen.

Ganze Fläche mit stark verdünntem Weiß grundieren. Nach dem Trocknen mit feinem Schleifpapier schmirgeln. Ränder nachschleifen. Vampir bemalen. Die Farben nass in nass ineinanderschattieren. Nach dem Trocknen mit einem feinen Pinsel und weißer Farbe Lichteffekte setzen.

19

Gurgel, Glucks und Hicksi

*Es gab einmal drei Schwestern
Ich weiß es noch wie gestern
Die liebten ihren Zaubertrank
doch davon wurden alle krank
Sie schwankten hin, sie schwankten her
ihre Köpfe wurden furchtbar schwer!*

Material: Bast: Maigrün, Orange, Lila
Halbperlen, schwarz Ø 4mm

Fimo: Haut hell, Rot, Windsorblau
Weiß, Apfelgrün, Smaragd
Schwarz, Orange, Gelb, eventuell Nachtleuchtend (z.B. für die Sternchen)

Werkzeug: Unterlage (z.B. Alufolie), Bastelmesser, Zahnstocher, FIMO-Modellierwerkzeug
Tipp: Alte Zahnarztinstrumente (Flohmarkt) eignen sich hervorragend zum Modellieren von Feinheiten

Modellieren Sie zuerst die Köpfe, je nach Flaschengröße, eine Kugel von ca. 5cm Ø. Um die Kopfform zu erhalten, nehmen Sie die Kugel mit zwei Fingern in der Mitte und rollen diese hin und her. Den Kopf quer einschneiden, ca. bis zur Hälfte und je nach „Frisur" die Basthaare einstecken, anschließend mit einem kurzen Stück Zahnstocher etwas zusammenhalten.

Hüte: Eine Scheibe formen, flachdrücken, etwas größer als der Kopf. Die Spitze bzw. den Zylinder ausrollen, formen und aufsetzen. Mit einem halben Zahnstocher im Hinterkopf fixieren.

Kürbis: Kugel rollen, etwas kleiner als der Kopf. Mit Daumen und Zeigefinger breitdrücken. Ringsum von oben nach unten Kerben mit dem Messerrücken eindrücken (nur ganz leicht!).

Blätter: FIMO flach ausrollen, z.B. mit einem Stift. Blattform mit Messer ausschneiden, in die Mitte eine leichte Kerbe eindrücken. Nun die Blätter in der Kürbismitte aufsetzen und „in Form biegen".

Rot-Weißer Stängel: Je einen weißen und roten Strang FIMO ausrollen, hierbei sollte je ein breites und ein dünnes Ende entstehen. Die Stränge (dünn an dünn) aneinanderlegen, zusammendrücken und kordelartig verdrehen. Stängel aufsetzen und mit halbem Zahnstocher am Kopf fixieren.

Gesichter: Die Nase ist eine Fimokugel, etwas oval gedrückt. Die Halbperlen als Augen einsetzen. Mit dem Messer Mund einschneiden, kleine Zähne anmodellieren. Die Brauen aus feinen FIMO-Strängen aufsetzen. Am Besten Zahnstocher zum Hinmodellieren verwenden.

Zum Schluss unten in die Köpfe je einen Zahnstocher einstecken. Jetzt nach Anleitung im Backofen aushärten (FIMO 20-30 Min. bei 130°).

Es wird gekreischt, es wird geschrien
Leute, heut ist Halloween

Ob fiese Ratte, Kürbiskopf
alles rein — in den Hexentopf

In der Ecke hängt Herr Flattermann
im tiefsten Schwarz kommt er an

Vor der Tür 3 Monster stehen
ohne „Süßes" werden sie nicht gehn

Einer von den Gästen, glaub es mir
ist totsicher ein Vampir

Unterm Tisch herrscht reges Gewusel
Alle Geister schreien „Grrrusel"

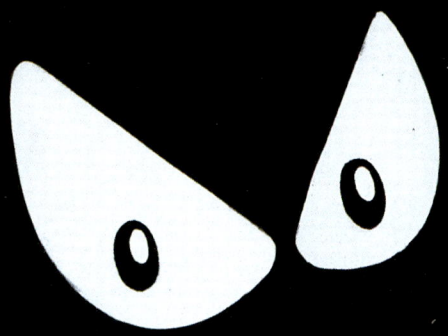

Eine schaurige Halloweennacht
wünschen Euch

Sandy & Ralfi

Zindy Zauberin

*Des Glückes wird man niemals satt
wenn man eine Zaub'rin hat.
Wenn der Postbot Dich vergisst
Ein Brieflein Du vermisst
Hokus Pokus, Rumpelkost
Der Kasten ist jetzt voller Post!*

Material: U.S. Briefkasten
Sperrholzplatte 6mm
Glitzerlack, Transparentpapier, Bleistift

Acrylfarbe: Weiß, Rose, Gelb, Orange, Rot, Hell & Dunkelgrün, Blau, Silber, Schwarz

Zindy wird vom Vorlagebogen auf Transparentpapier durchgepaust. Transparentpapier umdrehen und Linien von hinten mit einem weichen Bleistift nachfahren. Mit dieser Seite auf das Sperrholz legen und mit einem alten Kuli durchdrücken. Danach aussägen.

Grundieren Sie nun die ganze Figur mit stark verdünntem Weiß und schleifen sie kurz zwischen. Auch die Ränder ein wenig abschleifen. Jetzt wird Zindy mit Acrylfarbe bemalt. An den Rändern die Farben mit etwas Schwarz dunkler einschattieren.

Nach dem Trocknen der Farben mit einem feinen Pinsel und weißer Acrylfarbe Highlights setzen. Lackieren.

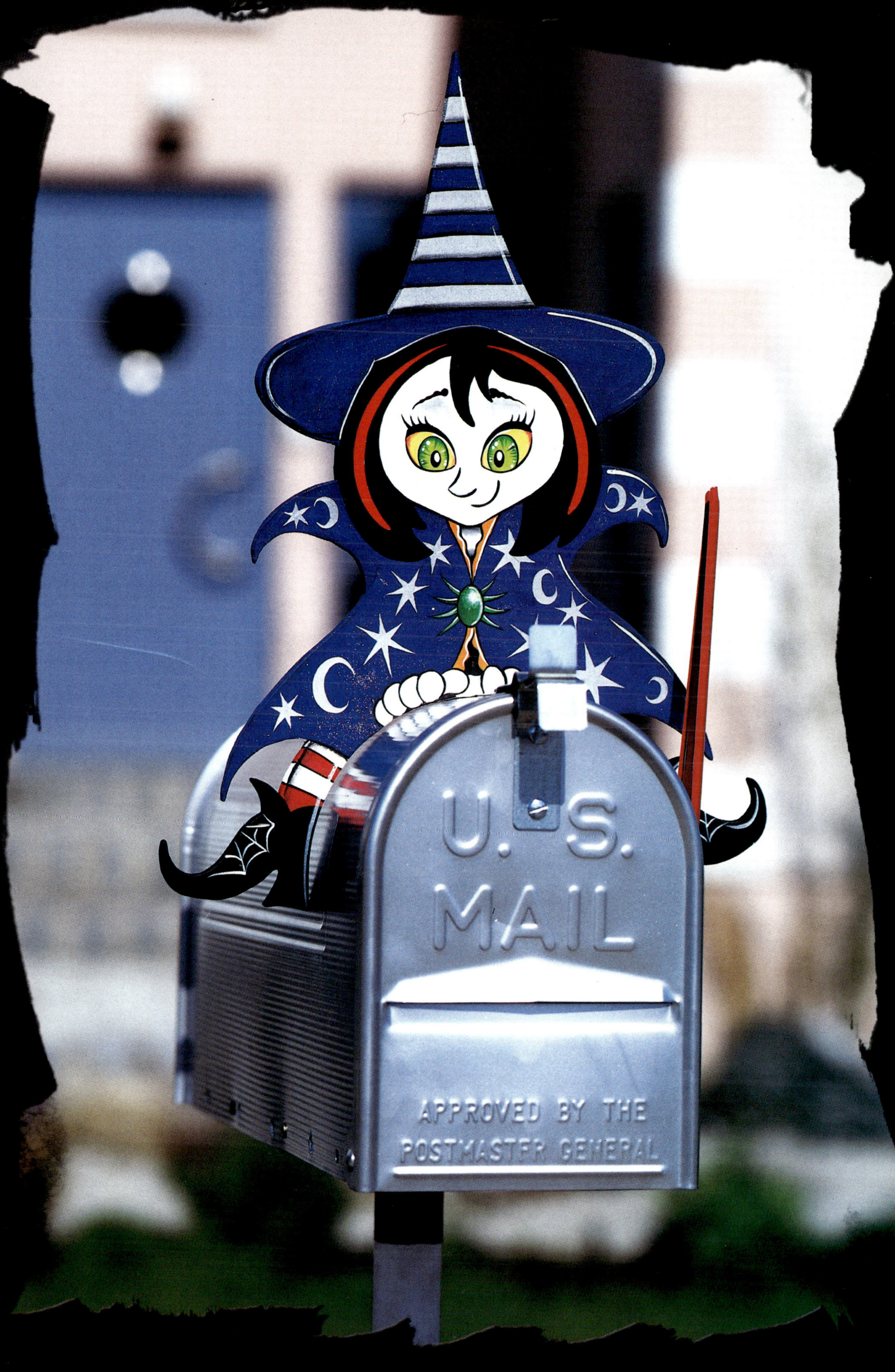
U.S.
MAIL
APPROVED BY THE
POSTMASTER GENERAL

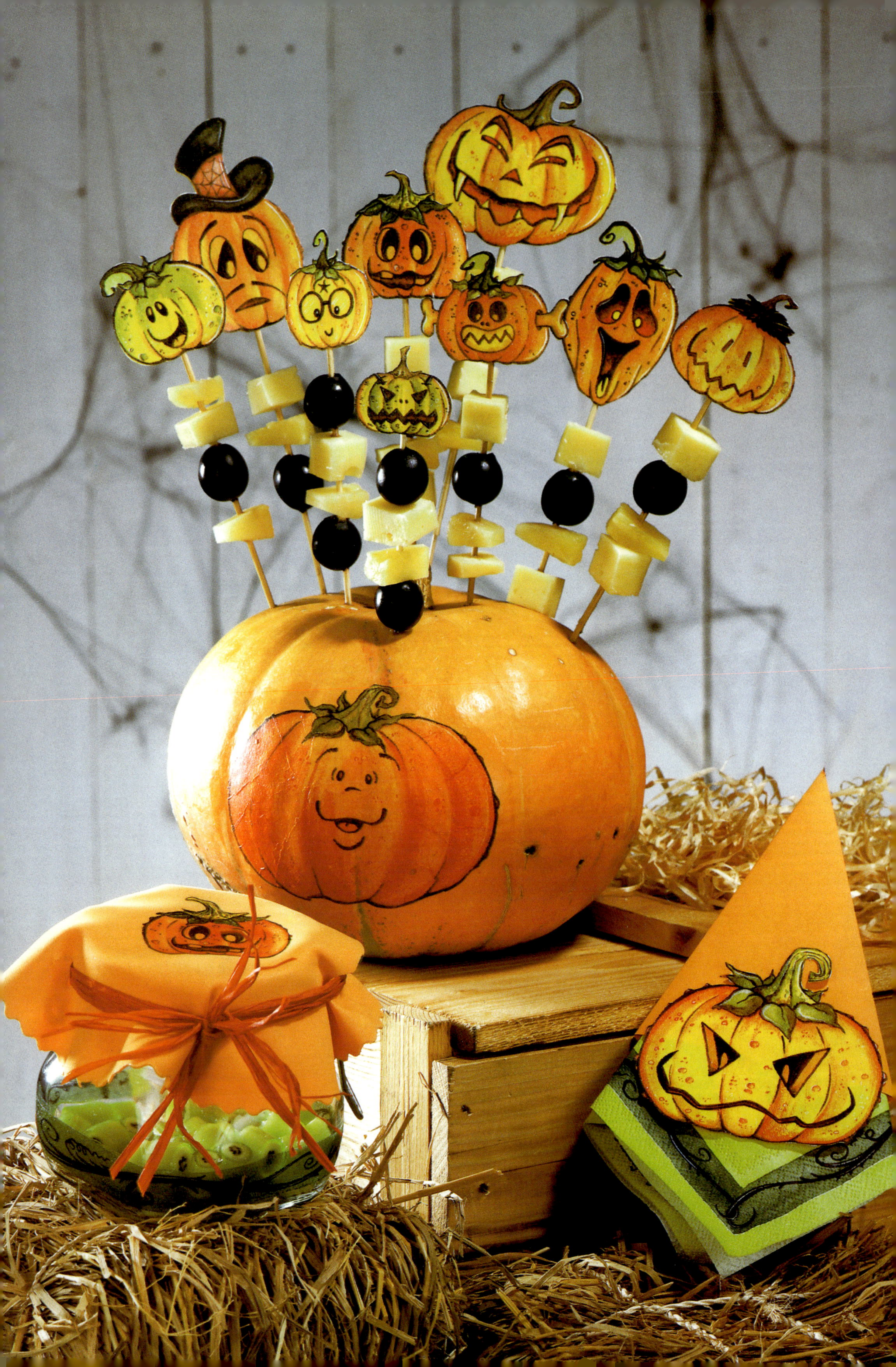

Rund um den Kürbis

*Es ist dunkel und eins ist sicher
vom Feld her hört man ein Gekicher
Manche laut, manche leise
jeder lacht auf seine Weise!
Heute haben die Kürbisse einen Spleen
es ist die Nacht vor Halloween!*

Material: Kleiner Kürbis
Serviette Vielseidig Verlag Nr. 31743
Schaschlikspieße
Serviettenkleber
Weißer Tonkarton oder milchige Mobiléfolie

**zusätzlich für
Bonbonglas:** Moosgummi 1mm orange
Bast orange

**zusätzlich für
Serviettenring:** Tonkarton orange

Schneiden Sie aus der Serviette die verschiedenen Kürbisse aus. Die oberste bedruckte Schicht vorsichtig abziehen. Serviettenkleber dünn auf den Kürbis, den Moosgummi und den Tonkarton streichen. Serviettenmotiv leicht andrücken und mit einem weichen Pinsel noch mal mit Kleber überstreichen.

Die kleinen Kürbisse (auf Tonkarton) mit Heißkleber an die Schaschlikspieße kleben.

Die Serviettenringtasche nach Vorlage auf dem Bogen ausschneiden, zusammenkleben und Kürbisgesicht befestigen.

Moosgummi beim Bonbonglas außen wellig abschneiden, überstülpen und mit Bast festziehen.

Trick or Treat!

*Drei Monster steh´n vor Deiner Tür
um Himmels Willen, was woll´n die hier?
Kleine Säckchen haben sie dabei
noch viel Platz für Leckerei!
Drum gib ihnen, oder bedau´r es,
Süßes! Sonst gibt`s Saures!*

Fimo: Mandarine, Apfelgrün, Weiß, Schwarz, Schoko, Caramel (bitte nicht essen ;-)), Haut hell, Limone (Gelb), Rot, Windsorblau (Dunkelblau), Olivgrün (mischen aus Modischgrün und Caramel), Steinfarbe Granit oder Delphingrau.

Werkzeug: Zahnstocher, Bastelmesser, Modellierwerkzeug, Prägestift

Diese zuckersüßen Naschmonster sind nicht sooo schwer zu modellieren. Um es Ihnen aber einigermaßen verständlich zu übermitteln, haben wir einige Skizzen auf dem Vorlagebogen für Sie gezeichnet und das Wichtigste erklärt. So dürfte es auch „ungeübten" Modelleuren recht leicht fallen diese trolligen Figuren nachzubasteln. Und wer weiß, vielleicht haben Sie ja jetzt Ihr neues „altes" Hobby entdeckt.

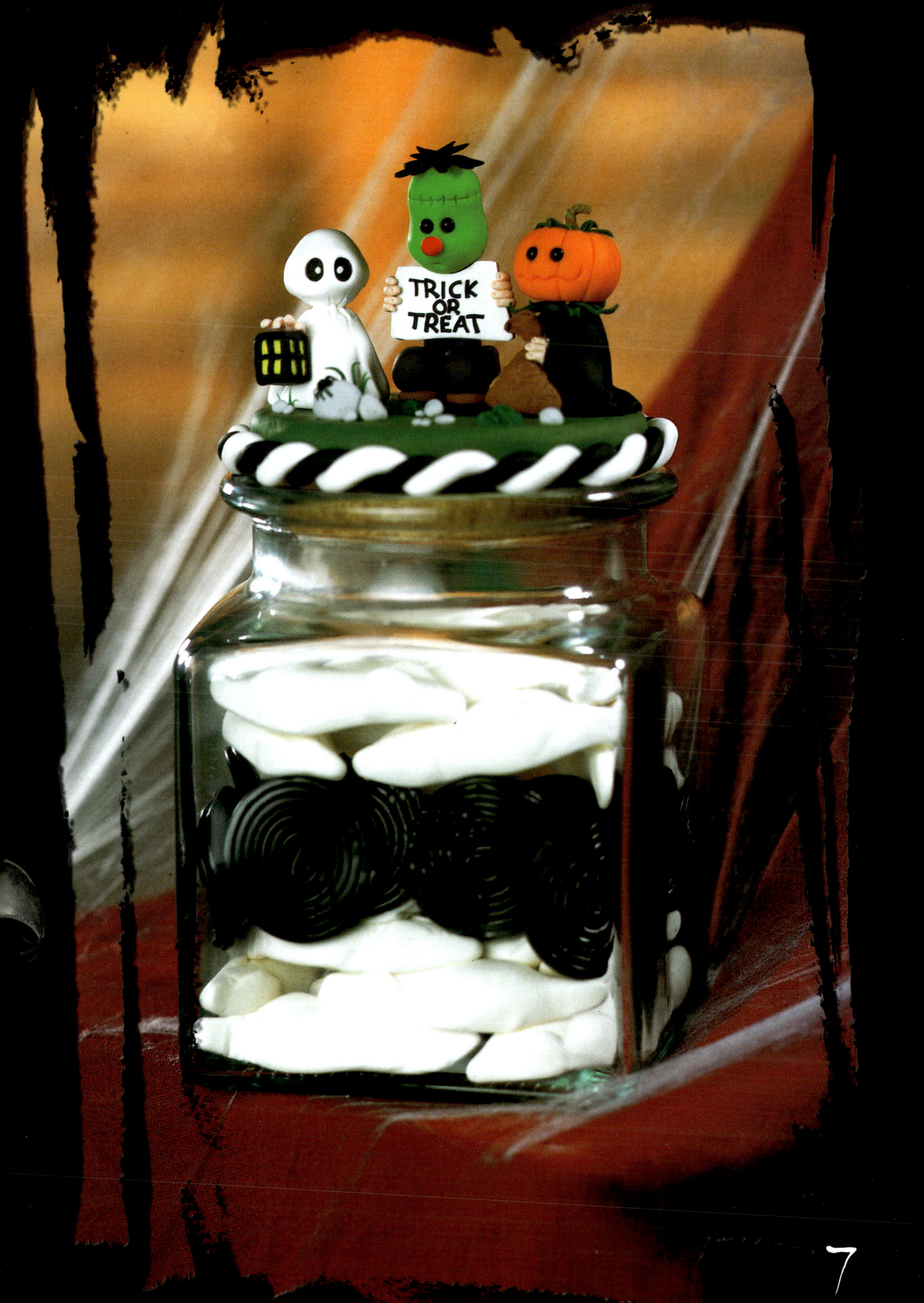
TRICK
OR
TREAT

Geisterhafter Türhocker

*Auf jeder Tür, nur damit Du's weißt
sitzt ganz bestimmt ein kleiner Geist.
Auch wenn Du ihn nicht sehen kannst
er doch auf Deiner Nase tanzt.
Denn eines das ist klipp und klar
ein Geist zu sein ist wunderbar!*

Material: Sperrholzplatte 6mm, 65 x 45 cm
Acrylfarbe in Weiß, Schwarz, Orange, Gelb
Rotorange, Hellgrün, Braun
Breiter Borstenpinsel und feiner Rundpinsel
Transparentpapier, Klarlack matt

Pausen Sie die Vorlage mit Transparentpapier ab, zeichnen die Linien von hinten mit einem weichen Bleistift nach und drücken diese dann mit einem alten Kuli auf das Holz durch.

Danach aussägen. Ränder glatt schmirgeln. Jetzt das komplette Motiv mit Weiß grundieren. Mit ganz wenig Schwarz in das noch feuchte Weiß schattieren.

Den Kürbis mit Orange grundieren, in die feuchte Farbe Rotorange und Gelb hineinziehen. Nach dem Trocknen kleine gelbe Punkte setzen, weiße Striche als Spiegelung platzieren. Rosa Bäckchen mit ein wenig angetrockneter Farbe stupfen. Mit dem feinen Pinsel schwarze Konturen ziehen und Gesicht malen. Matt lackieren.

Tipp: Wenn Sie einmal mit verdünntem Weiß vorgrundieren und zwischenschleifen, wird die Oberfläche schön glatt.

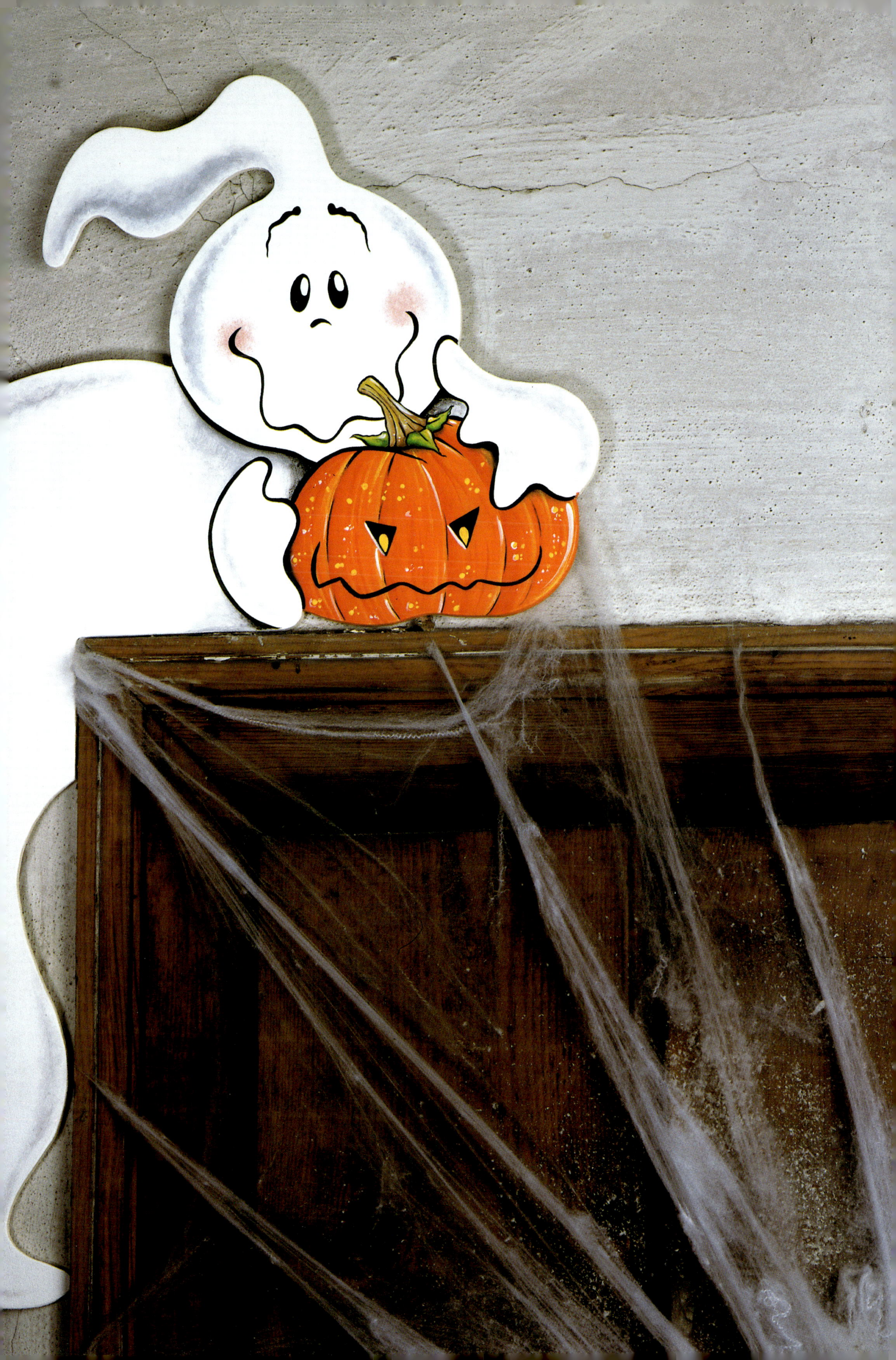

Hexentanz

Linksherum, dann rechtsherum
Unsre Nasen, die sind krumm
schmeiß den Besen in die Höh
komm herbei du Windesböh
weh durch unser schwarzes Haar
wir bieten einen Tanz heut dar.

Material:

Mobilékreuz Ø 30cm
3 kleine Platten Filz in orange
Bast schwarz
6 Holzkugeln 3,5cm
Tonkarton schwarz
24 Halbperlen 0,4cm
Bastelfarbe in Rot, Rosa, Schwarz
Lederschnur schwarz
6 schwarze Holzperlen 10mm
Spinnweben in schwarz
Schnur zum Aufhängen,
Spinne

Holzkugeln bemalen und Augen mit Heißkleber anbringen. Hut nach Vorlage auf dem Bogen zusammenkleben. Bast in verschieden lange Stücke schneiden und auf den Kopf kleben. Hut darüberstülpen, andrücken und festkleben. Die Hälfte eines Filzbogens unten in die Kugelöffnung stopfen.

Oben am Hut Holzperle mit Heißkleber befestigen und Band einkleben. Mobilékreuz schwarz bemalen, Spinnweben kreuz und quer darüberziehen und Spinne anknoten. Hexen in verschiedenen Höhen befestigen.

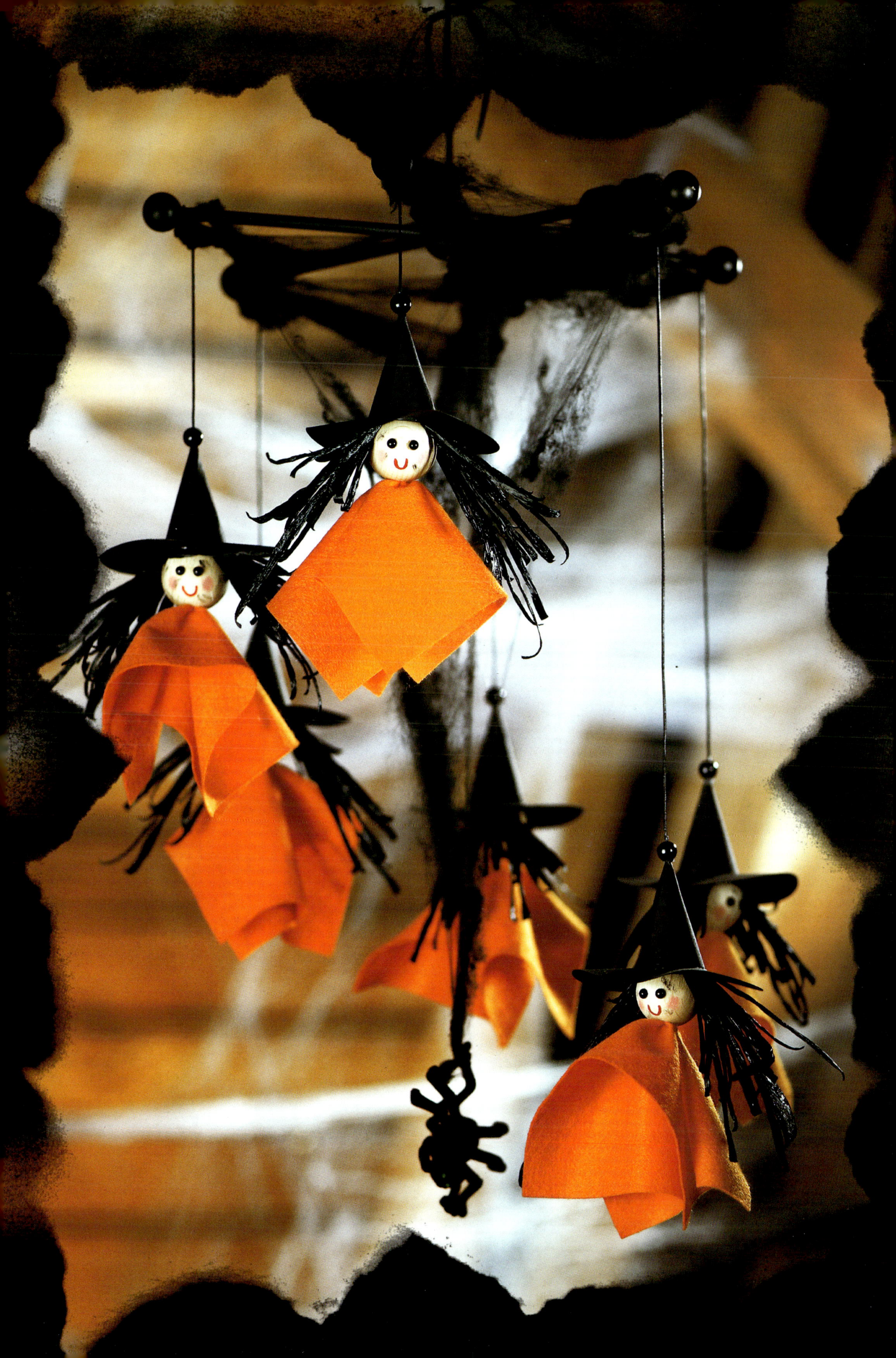

Vampirgeflatter

*Im Schein der Kerze seh ich ein Gesicht
Doch wer es ist, das weiß ich nicht
Spitze Zähne und lange Ohren
Manchem wäre schon das Blut gefroren!
Doch keine Angst, denn eines ist gut
Dieser Vampir mag lieber Saft statt echtes Blut!*

Material: verschiedene Kerzen
Verzierwachs in Weiß, Orange, Haut, Silber, Blau, Schwarz
Halbperlen für Vampiraugen 3mm
Candlepen schwarz & weiß

Vorlagen mit Transparentpapier abpausen und mit einem alten Kugelschreiber auf das Verzierwachs durchdrücken. Mit einem Cutter ausschneiden, in den Händen erwärmen und auf die Kerze kleben.

Die Augen der schwarzen Kerze sind mit Candlepen aufgemalt.

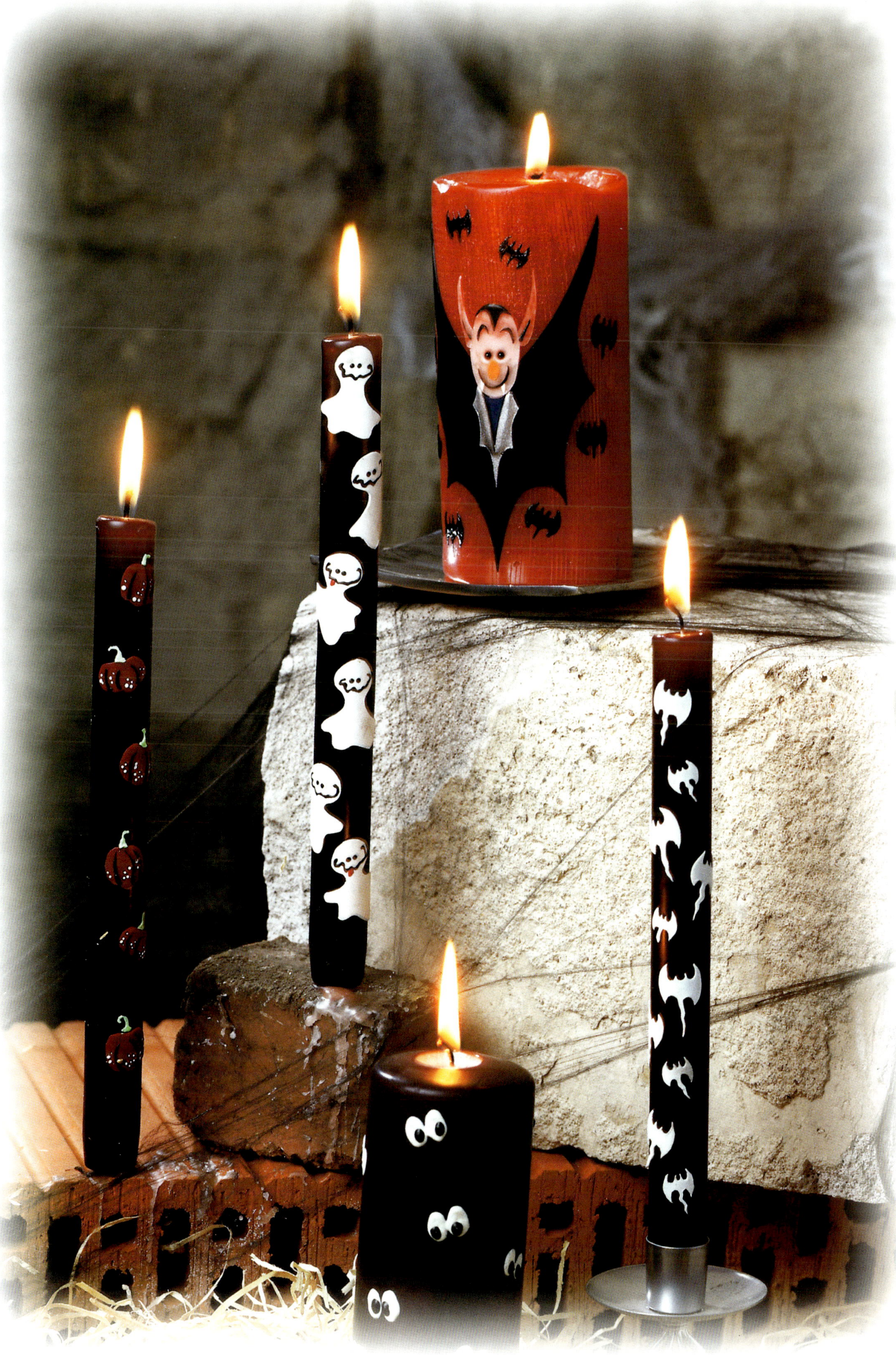

Polly Pollenflug

*Die kleine Polly scheut den Tag
weil sie den Pollenflug nicht mag
Diesem verdankt sie ihren Spitznamen
Ist schon ein Gräuel mit dem ollen Gräsersamen!
Doch nachts kommt sie heraus
und tobt sich endlich kräftig aus.*

Tonkarton: Haut, Orange, Pink, Schwarz, Gelb, Kariert, Sternchen

Material: Halbperlen 8mm
Buntstift in Rose & Orange
Schwarzer Fineliner
Designdraht, Fledermausglöckchen

Hexlein nach Vorlage auf dem Bogen basteln. Teile mit Transparentpapier auf den Karton übertragen. Mit Cutter oder Schere ausschneiden. Nach Vorlage zusammenkleben. Augen aufkleben. Gesicht mit Fineliner aufmalen. Bäckchen und Sommersprossen mit Buntstift.

Den Draht um einen Stift wickeln (Spirale), Glöckchen andrahten und am Hut befestigen.

Zauberelfen

In der Luft, da blinken kleine Sterne
Was ist das? Ich wüßt es gerne
Du musst nur ganz genau hinschaun,
Deinen Augen willst Du gar nicht traun
doch es ist wahr, stimmt voll und ganz
Zauberelfen sind`s, beim Wiesentanz

Material: Mobiléfolie 0,4mm, Servietten Vielseidig Verlag Nr. 31774
Hologrammflimmer, schwarze Kordel 1,5m
Serviettenkleber normal und für Porzellan
Bowletopf und Schöpflöffel

Zaubern Sie eine Elfengleiche Bowle auf Ihren Büffettisch.

Serviettenmotive mit einer scharfen Schere ausschneiden. Oberste bedruckte Lage vorsichtig abziehen.

Über dem Bowletopf Porzellankleber dünn verstreichen. Serviette vorsichtig andrücken und mit einem weichen Pinsel von innen nach außen noch eine Schicht Porzellankleber überstreichen.

Das gleiche bei der Mobiléfolie, nur mit dem normale Kleber. Bei den Flügeln der Elfen eine extra Portion Kleber auftragen und Hologrammflimmer einstreuen. Mobiléfolie mit einer scharfen Schere ausschneiden und mit Heißkleber auf Schöpflöffel und Kordel kleben.

Die Elfen können vom Bowletopf nach der Party wieder abgeschrubbt werden

Nächtliches Treiben

*Auf Schloss „Grrrusel" geht`s heut rund
„Jaaaaaa!", schreit`s wie aus einem Mund.
Endlich ist es dunkle Nacht
Vampire und Geister sind erwacht
Heute wird kein Mensch verschont.
Am Himmel fiese grinst der Mond!*

Material:	Serviette Vielseidig Verlag Nr. 31736
	Leinwand 40x40 cm
	Serviettenkleber
	Modelliermasse soft/lufttrocknend
	Acrylfarbe schwarz & weiß

Schrecken Sie nicht vor diesem Bild zurück - ist supereinfach!

Von der Servietten die oberste bedruckte Schicht vorsichtig abziehen. Kleber auf die Leinwand streichen und Serviette leicht andrücken. Sie sollte ungefähr in der Mitte sein. Jetzt noch einmal Kleber mit einem breiten weichen Pinsel auf die Serviette von innen nach außen streichen. Nach dem Trocknen mit schwarzer und weißer Farbe den restlichen freien Rand in groben Pinselstrichen bemalen.
Für den 3D Effekt nun Modelliermasse mit einem Nudelholz ausrollen. Ca. 3mm dick. Die einzelnen Teile der Serviette ausschneiden (z.B. Dach, Mond, Geist) und mit dem Kleber auf die Modelliermasse kleben. Antrocknen lassen und mit der Schere oder dem Cutter ausschneiden.

Mit den Fingern Ränder nachmodellieren. Modelliermasse noch ein bisschen ungleichmäßig zurechtdrücken und trocknen lassen. Mit der restlichen Masse um das Bild einen Rand formen und nach dem Trocknen mit Farbe bemalen. Die einzelnen Teile mit Heißkleber auf`s Bild kleben.

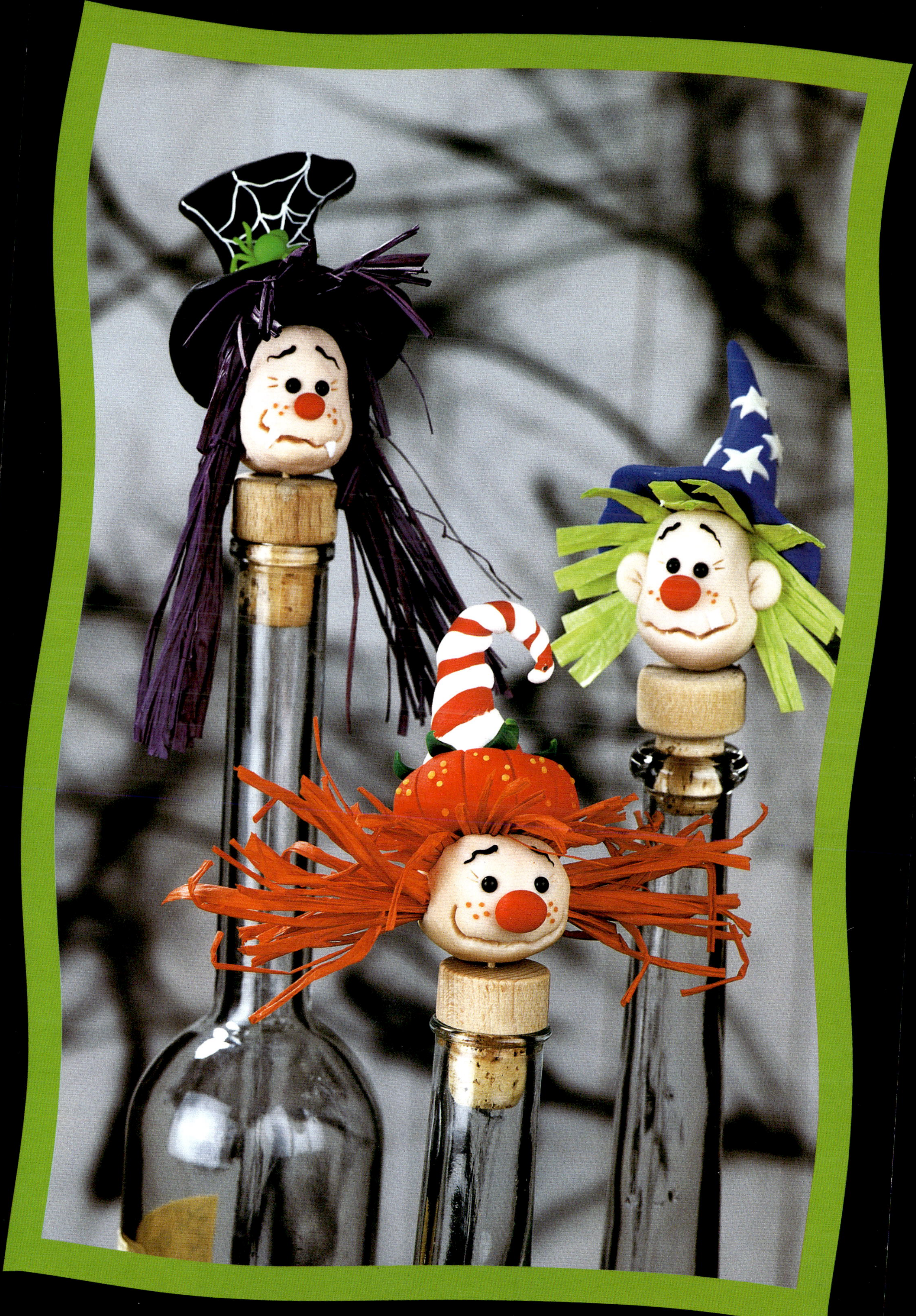

Gruselige Flattermänner

Was hängt da oben an der Wand
Ich habe es nicht gleich erkannt.
Wie ein schwarzer Schirm sieht es aus
Oops, das ist ne Fledermaus!

Material: Schwarzer Filz, Fun Liner Magic in Schwarz, Weiß, Rot
Füllwatte, Wäscheklammern, schwarze Bastelfarbe
Ast, schwarze Spinnweben, Lederband

Ein wahrhaft furchterregender Anblick, wie sie da so hängen, und auf ihre nächtlichen Opfer warten. Der Ast macht sich furchtbar gut über einem gruselig gedeckten Tisch.

Schneiden Sie den Filz nach Vorlage zu. Für jede Fledermaus 2x. Die Plusterfarbe auftragen und nach dem Antrocknen mit Heißluft aufplustern. Mit der Heißklebe die beiden Filzteile zusammenkleben, aber unten ein Stück offen lassen. Fledermaus mit Füllwatte ausstopfen und ganz zukleben. Mit den angemalten Wäscheklammern an einen Ast klammern. Der Ast kann noch mit Spinnweben überzogen und mit einem Lederband aufgehängt werden.

Tipp: Die Vorlage kann mit einem weißen Kreidestift übertragen werden.

Wir werden beobachtet...

*Mir geht`s nicht gut, kann ich Euch sagen
hab ein ungutes Gefühl im Magen.
Als ob mich jemand beobachten tut
Jetzt reiß Dich zusammen! Hab etwas mehr Mut!*

Material: Tonkarton schwarz & weiß
schwarzer Buntstift

Augen und Riss ausschneiden und aufeinander kleben. Schwarze Augenpunkte mit Buntstift aufmalen.

Der Riss ist als Deko für eine Wand oder Tür gedacht. Sie können ihn größer kopieren! An einer Wand wirkt er dann wie ein großer Spalt.

Mini-Hex

Ganz oben im Turm gibt`s einen Raum
dort oben wohnt, Ihr glaubt es kaum
ein Hexlein, das ist winzig klein
es fliegt immer zum Fenster `rein.
Mit ihrem lieben Hexenbesen
ist sie ein ganz besonderes Wesen!

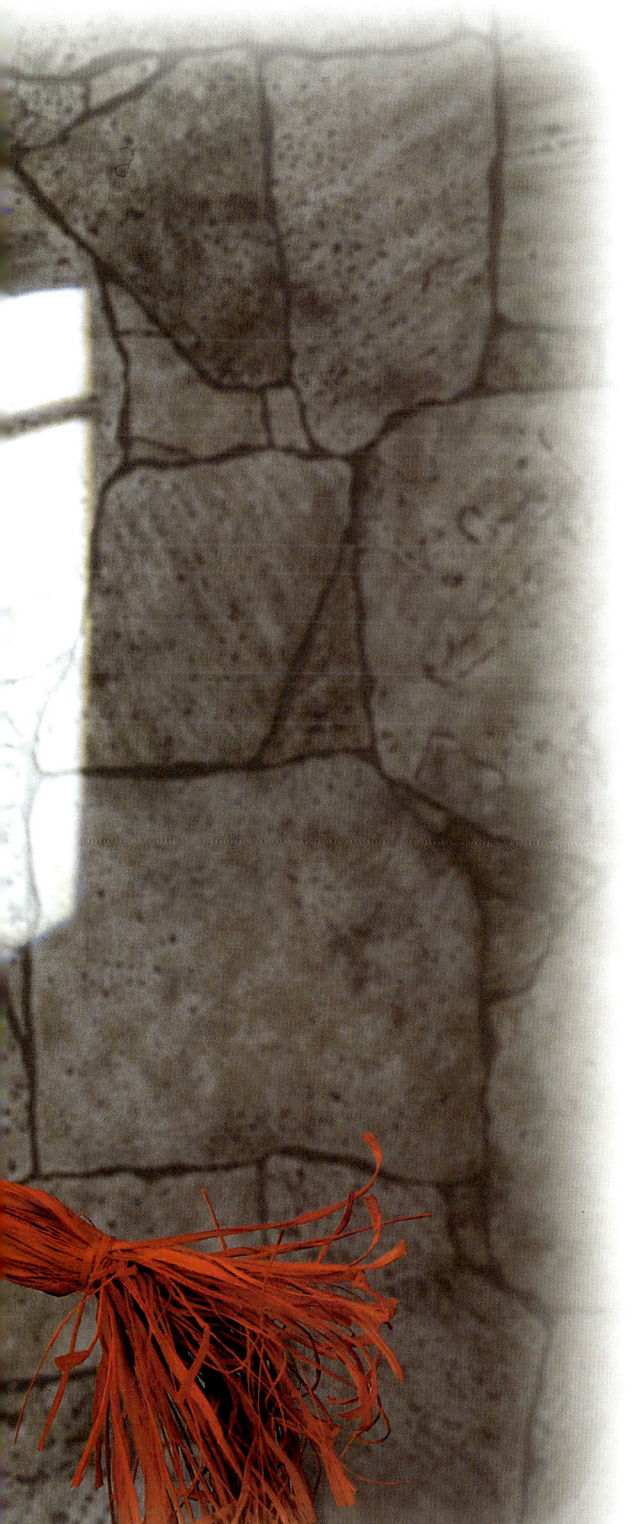

Material: Bast in Orange
Holzstab Ø 2cm, ca. 65cm lang
Nylonfaden zum Aufhängen ca. 0,3 oder 0,5mm
Farbstifte in Schwarz, Weiß und Hellrot

Tonkarton: Haut, Orange, Schwarz, Flieder, Dunkelblau, Weiß, Rot, Gelb

Da die Mini-Hex im wirklichen Leben fast zu klein zum Nachbasteln ist, haben wir sie um ein Vielfaches vergrößert!

Schneiden Sie zuerst alle Tonkartonteile nach dem Vorlagebogen aus. Alle Teile müssen 2x ausgeschnitten werden, je 1x seitenverkehrt! Basteln Sie „beide" Hexen komplett zusammen, bevor Sie sie aneinander kleben. Begonnen wird beim KOPF, dahinter Hals, darüber die Haare setzen. Den zweiteiligen Hut hinten anbringen. Das BEIN schneiden Sie aus weißem Tonkarton aus, darüber die roten Streifen setzen. SCHUH einschneiden, das Bein einstecken und von hinten ankleben. Bei den HÄNDEN werden der Daumen und Zeigefinger leicht eingeschnitten und nach hinten gebogen. Später werden die entgegengesetzten Daumen und Zeigefinger der beiden Hexen zusammengeklebt und der Besen dazwischengeschoben! Den UMHANG auf Arm, Bein und Hals setzen, die Haare darüberlegen.

Der BESEN besteht aus einem Holzstab an dessen Enden Sie ein Bündel Bast, ca. 30cm herumlegen und mit Baststückchen umwickeln und verknoten. Aus Tonkarton Augen und Brauen schneiden und aufkleben.

Mit den BUNTSTIFTEN malen Sie Besenmund, Hexengesicht, Falten im Umhang und Schuhen sowie das Spinnweben im Hut.

Beide fertigen Hexen von oben bis zum Brustbereich zusammenkleben, auf den Stab setzen (Heißleim), Finger um den Besenstiel legen und zusammenkleben.

Beim AUFHÄNGEN darauf achten, das der Nylonfaden teils vor, teils hinter dem Hut sitzt, damit das Hexlein nicht umkippt! Geschickte Bastler leimen den Faden gleich zwischen die beiden Hexen.

Schnappblumen

Nicht alle Pflanzen, die sind brav
Glaub das nicht! Sei kein Schaf!
Manche die sind furchtbar frech
kommst Du zu nahe, hast Du Pech!

Material:
Tonkarton in drei verschiedenen Grüntönen & Weiß
Buntstift schwarz
3 Holzperlen 10mm schwarz
3 Stück Blumendraht 1,6mm, 50 cm lang
Tontopf, Untersetzer, Sand
schwarze & weiße Acrylfarbe
Plastikspinne

Nehmen Sie sich in acht vor diesem gefräßigen Gewächs! Ihr Finger könnte leicht abhanden kommen.

Blumenblätter und Köpfe nach Vorlage basteln. Mit Transparentpapier übertragen und ausschneiden. Pro Blatt und Kopf einmal seitenverkehrt und seitenrichtig. Augen mit Buntstift aufmalen. Auf den Blumendraht eine Holzperle stecken und spiralförmig über einen Stift drehen. Draht zwischen die Köpfe kleben.

Tontopf schwarz bemalen und mit einem dünnen Pinsel ein Spinnennetz andeuten. Plastikspinne ankleben. Topf mit Sand befüllen und Blumen arrangieren.

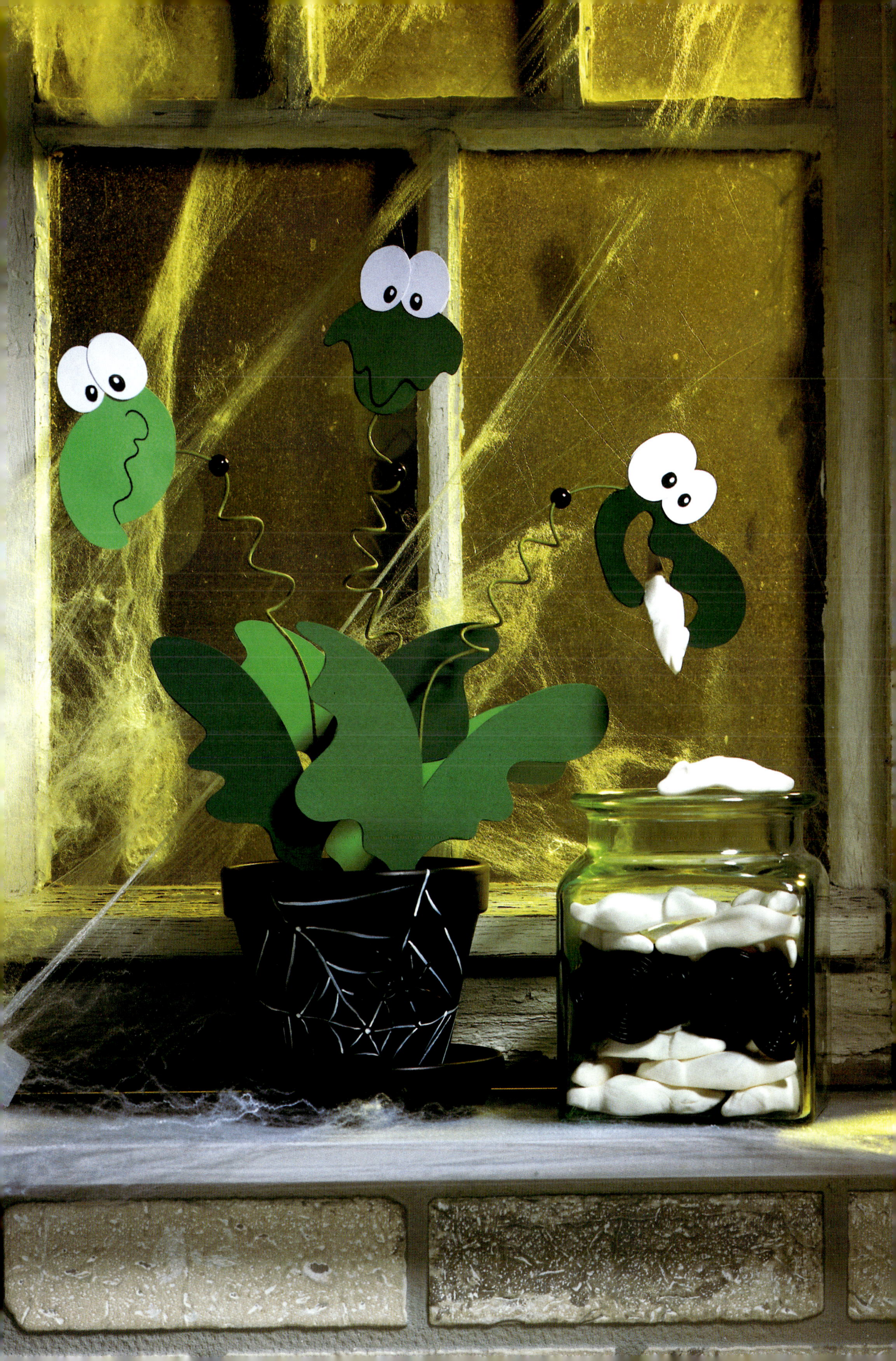

Rufus Ratz

Was ist denn das für eine fiese Ratte?
Rufus Ratz steht auf der Matte.
Was will das garstig Ungetier?
Rufus lauert an der Tür!
Sein besonderer Willkommensgruß
ist ein Biss in Deinen Fuß!

Material: Sperrholz 6mm, 33 x 15 cm
            Holzkeil
            Acrylfarbe in Weiß, Grau, Schwarz, Gelb, Rot, Haut
            Transparentpapier

Rufus von der Vorlage auf Transparentpapier abpausen. Umdrehen und Linien von hinten mit einem weichen Bleistift nachziehen. Nun die Konturen mit einem Kuli auf das Holz durchdrücken. Rufus aussägen. Vorsicht beim Schwanzende und den Haaren! Das ausgesägte Holzteil mit Weiß vorgrundieren. Mit feinem Schmirgelpapier zwischenschleifen.

Danach Rufus Farbe geben! Nass in nass malen. Mit Weiß Highlights setzen. Nach dem Trocknen Konturen mit einem feinen Pinsel malen. Holzkeil hinten ankleben oder schrauben.

Laternen

*Sie flattern aufgeregt, sind ganz aus dem Häuschen
Da kommen sie... die winzigen Fledermäuschen!
Den Schein der Laterne, den brauchen sie nicht
denn in der Nacht haben sie eine besondere Sicht.
Ihr kreischen wirkt wie ein geheimes Radar
damit kommen sie beim Fliegen super klar!*

Material: Wellpappe schwarz, Tonkarton schwarz
Transparentpapier orange gestreift, Transparentpapier Geister
Acrylfarbe schwarz & weiß, Designdraht schwarz
6 Streifen Wellpappe 2x35cm für die zwei großen Laternen zurechtschneiden.
3 Streifen 2x25cm für die kleine.
Transparentpapier orange 10x35cm und 13x35cm
Transparentpapier Geister 7x25cm

Laterne mit Heißkleber zusammenkleben. Oben je einen Wellpappestreifen innen und außen anbringen. Unten nur einen. Fledermäuse nach Vorlagebogen basteln. Für jede 2 Teile. Das Gesicht mit Acrylfarbe bemalen. Draht über einen Stift wickeln, zwischen die 2 Fledermausteile kleben und unten in die Wellpappe stecken.

Aus dem Geisterpapier Geister ausschneiden und auf die beiden großen Laternen kleben.

Ideen für eine Halloweenparty

Vielseidig Verlag

Halloween-Bücher

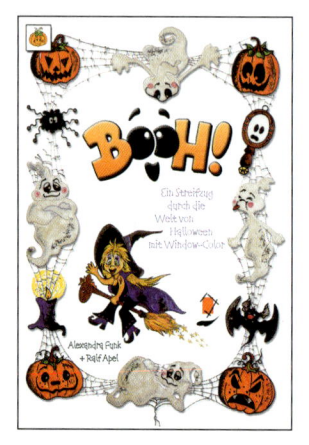

Booh !
Ein Streifzug durch die Welt von
Halloween mit Window-Color
ISBN 3-930529-79-3
Best.Nr: 29793

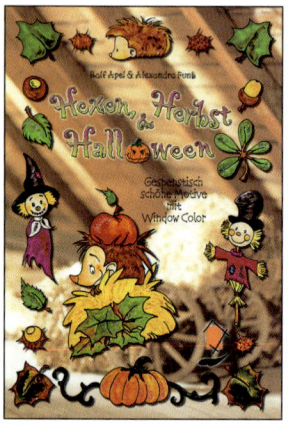

Hexen, Herbst und Halloween
Gespenstisch schöne Motive
mit Window-Color
ISBN 3-930529-54-8
Best.Nr: 29548

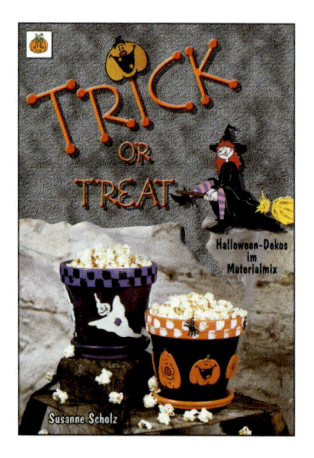

Trick or Treat
Halloween-Dekos im Materialmix
ISBN 3-935467-01-X
Best.Nr: 6701X

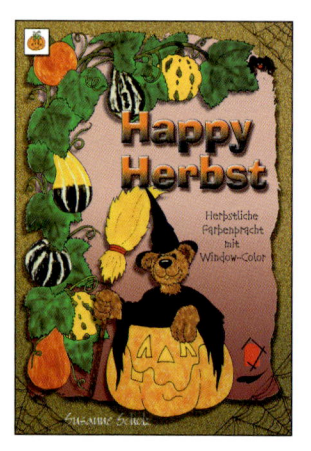

Happy Herbst
Herbstliche Farbenpracht mit
Window-Color
ISBN 3-930529-72-6
Best.Nr: 29726

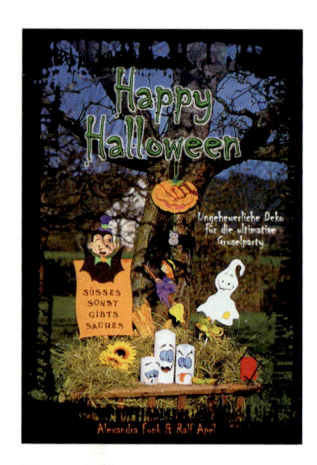

Happy Halloween
Ungeheuerliche Deko für die ulti-
mative Gruselparty
ISBN 3-930529-30-0
Best.Nr: 29300

Laubanger 19B • 96052 Bamberg   Vielseidig Verlag GmbH   •   Tel. 0951 / 6 89 97
Fax. 0951 / 60 32 99